| 정영욱 작가가 건네는 365 매일의 위로 일력 |

어쩌면 당신이 옳다

글 | **정영욱**

대부분의 일깨움과 치유는 동질의 마음에서 나온다 생각한다. 무언가 알려 주고 싶지만 그러지 못하는 부족한 사람이라, 나도 이랬었다고 미련했던 마음을 적어 본다. 단지 그뿐. 난 이렇지만 기필코 살아간다고. 그러니 당신도 꼭 살아 내었음 한다고.

주식회사 부크럼의 대표. 부크럼 출판사와 이외의 문화 사업을 운영 중이다. 그간 지은 책으로는 『다시 사랑하고 살자는 말』, 『잘했고 잘하고 있고 잘 될 것이다』, 『참 애썼다 그것으로 되었다』, 『편지할게요』, 『나를 사랑하는 연습』 등이 있다.

Instagram   @owook

| 정영욱 작가가 건네는 365 매일의 위로 일력 |

어쩌면 당신이 옳다

발행일 2022년 11월 30일

지은이 정영욱
펴낸이 권대호, 김재환
출판총괄 김형석 **개발책임** 김기임, 김선아 **개발** 진명규
디자인 김소진, 석지혜, 한새미 **일러스트** 포노멀(인스타그램 @for_normal)

펴낸곳 (주)에듀윌
등록번호 제25100-2002-000052호
주소 서울시 구로구 디지털로34길 55 코오롱싸이언스밸리 2차 3층
대표번호 1600-6700

ISBN 979-11-360-2130-4 00810

*이 책은 저작권법에 의하여 보호를 받는 저작물이므로 무단 전재와 복제를 금합니다.

펴내며 | 어쩌면 당신이 옳다

 아직도 확신이 없는 하루하루를 보내고 있다. 어린 시절, 늦은 밤 술에 취해 비틀거리며 들어오던 아버지. 식탁에서 숟갈을 다 뜨지 못한 채 허겁지겁 출근하던 어머니를 떠올리며 그들의 사십 대, 오십 대도 확신이 없었고 불완전했다 생각하니 불안은 삶의 주석처럼 따라다니는 것이구나. 제법 유연한 사고를 갖추려 노력한다. 그럼에도 녹록지 않은 생에 긴 새벽잠 못 이루게 되는 걸 어쩌리.

 삶은 태풍이 지나가기를 기다리는 것이 아니라 빗속에서 춤추는 법을 배우는 것이라 그랬다. 불안 속에서도 나아가는 당신의 걸음이 춤과 같다. 불안했던 불안한 또 불안할 당신과 나에게. 언제나 그리고 또 반드시는 아닐지라도 어쩌면 우리가 옳다. 미약한 상황 속에서도 좌절하지 않으며 무던히 발돋움할 때, 숨 좀 쉬고 살자며 구태여 발버둥 칠 때. 비로소 우린 옳은 사람일 수 있다는 최소한의 긍정을 전하며. 정말, 어쩌면 당신이 옳다.

31
December

새로운 시작을 위하여

"웅크린 허리를 펴고, 고개를 들어라!
두 팔을 벌리고 마음을 열어라, 출항이다!"

차례

1월	노력대로 되는 사람이기를
2월	노력은 이월하지 않기로 합니다
3월	당신의 해 봄을 응원합니다
4월	꽃이 피고 지는 날
5월	우리 모두가 그런 사람들이다
6월	나를 열렬히 사랑해 본 적
7월	다시, 시작해 보겠습니다
8월	무한한 가능성을 믿기로 해
9월	열정과 냉정 사이, 불안함 속에서
10월	묶음
11월	기억하기로 해
12월	시작과 끝에서

December

나는 단지

모든 열망했던 것들아.
나는 단지 그것뿐이었다.
잠시 잊어버린다고 해도
잃어버리는 것은 아니었음을.
잃어버린다 해도
잊어버린 것은 아니었음을.

1 January

노력대로 되는 사람이기를

새해를 맞이해 새로운 계획을 세웁니다.
작년에도 그랬고, 올해도 같겠지요.
그동안의 우린, 방 안 가득 유영하는
숱한 계획 속에서 좌절하기 바빴습니다.
그러니 올해는, 계획 전에 분명한 소망을.
"계획대로 되는 사람보단
노력대로 되는 사람이기를."
당신과 나, 노력대로 되는 사람이 되기를.

29
December

나에게 하고 싶은 말

모든 위로는 이유 없이도 위로가 되는 것이고,
나 자신에 대한 위로는 더욱더 그러하기 때문에,
이제 내가 나에게 말해 주는 것이다.

"나, 참으로 힘들었겠다. 괜찮다. 다 괜찮아질 것이다."

1
January

잘했고 잘하고 있고 잘 될 것이다

아무 일이 없어도
무너지기 일쑤인 우리의 삶이 있다면,
무너지고 있어도 아무 일 없는 듯
'잘 되고 있다.' 말해 줄 수 있는 삶도 분명히 있다.

그러니, 잘했고 잘하고 있고 잘 될 것이다.

28
December

당연히 생각하고 나아갈 것

삶은 어떤 선택을 하더라도
늘 후회와 아쉬움이
따를 수밖에 없다는 것.

2
January

나에게 고맙다

어제도 서툴렀고,
실수를 반복했겠지만
그래도 잘 견뎌 낸 나에게 고맙다.

나, 정말 수고 많았다.

27
December

누군가의 평가가 곧 나일 때가 많다

사람은 자신이
소중한 존재임을 평가받는 순간
소중해지는 것이다.

3
January

주체적인 삶

나의 삶은 누가 대신 살아 주지 않는다.
타인의 의견은 적당히만 이용하고 살 것.

December

마음을 머물게 하는 방법

무언가를 새것의 마음으로
꾸준히 바라보는 것.
바라보는 마음을 행동으로 표현하는 것.
마음을 머물게 하는
가장 현명한 방법이다.

4
January

소망

생각대로 되진 않아도
노력대로 되는 사람이기를.

소중한 이들을 위해 알아야 할 것

애정하는 사람이 원하는 걸
기억하는 것은
타오르는 관계를 만들어 주지만,
애정하는 사람이 싫어하는 걸
기억하는 것은
꺼지지 않는 관계를 만들어 준다.

5
January

입맛처럼 변하는 것이 있다

시간이 지나면서 고집불통이었던 입맛이
나도 모르게 변하는 것처럼,
언제부턴가 나도 모르게 변하는 것이 있다.
스스로가 노력한다고 해서 쉽게 변하는 것이 아니었고,
노력하지 않는다 해서 변하지 않는 것도 아니었다.

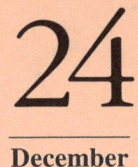

December 24

함께가 된다는 것

완전히 다른 우리가 만나
같은 시간과 공간을 공유하고
서로 닮아 간다는 것.

January 6

당신의 가치

아름답다, 소중하다, 귀중하다.
세상의 좋은 단 단어를 모두 빗대어도
모자랄 만큼의 당신이다.

23
December

단 한 명이라도

나와 연결되는 그런 사람
우주에 한 명쯤 있었으면 좋겠다.
나와 어쩔 수 없이 만나게 될 그런 사람,
우주에 단 한 명이라도 있었으면 좋겠다.

7
January

되고 있다

당신은 분명 되고 있다.
충분하다.
나 자신이 내 것임을 뽐낼 이유에 손색이 없다.
되고 있는 나 자신은, 나의 자랑이다.

22
December

그럴 필요 없는 것이다

모든 노력이
저기 저 얕게 쌓인 눈처럼
쉽게 흩어질 것만 같다고 해서
깊게 아쉬워할 필요 없고,
또 수북이 쌓여 간다고 해서
쉽게 자만할 필요도 없다.

8
January

그렇게 믿어 봅니다

어떤 날에, 눈도 태양도 구름도
저마다 위치에 맞는 역할이 있듯,

녹아내리는 마음도 지는 삶도
또 주룩주룩 흘러내리는 눈물도
그 어떤 날, 저마다 맞는 역할일 것이라고.

21
December

오늘 실수해도 그럭저럭

우린 서툴지만 괜찮은 사람이 되어
살아가고 있다는 것.
경험을 먹어 가며
제법 쓸만한 사람들이 되어 간다는 것.

9
January

흔들리는 나를 꽉 잡아 주는 주문

1. 잘했고 잘하고 있고 잘 될 것이다.
2. 어떻게 살아도 후회는 남을 것이다.
3. 화날 때는 되도록 가만히 있자.
4. 내 인생이 재미없으면, 남 인생 이야기나 하면서 놀게 된다.
5. 지금이니까 그렇겠지, 좀 지나면 괜찮을 것이다.

20
December

녹아내릴 거야

겨울이 가고
봄이 오면
계절에 따라
내 마음도 녹아내릴 거야.

계절에 따라 눈이 오고 눈이 녹듯.

10
January

나를 지지하는 삶

선택했으면 후회하지 말 것.
후회할 시간에 열심히 달릴 것.
나를 믿고, 내 선택을 지지해 줄 것.

19
December

나이가 들수록

어릴 땐 좋아하는 건 맨 앞,
싫어하는 건 맨 뒤였는데
매도 먼저 맞는 게 낫다는 걸
마음으로 공감하게 된다.

좋아하는 건 미루게 되고
싫어하는 것부터 후딱 해치우고 싶다.
그래야 마음이 조금이라도 더 편하다.

힘들 가치가 있는 삶

힘들지 않기보단
힘들 가치가 있는
삶을 살기를.

18
December

정확한 의미

주도적이고 주체적인 삶이

남을 배척하고

나만 생각한다는 것은 아니다.

12
January

어머니의 사랑처럼

혜안을 동경하며 걸을 것.
어머니의 사랑처럼
변함없는 진실을 바라보고
경험할 것이다.

17
December

후회와 미련을 놓아주어야 할 때

양손 가득히 쥔 후회와 미련 때문에
무수히 다가오는 기회를 놓치지 않도록 할 것.

13
January

펑펑 우는 날

당신이 우는 날을 기약한다.
언젠가의 당신은 펑펑 울고 있을 것이다.
힘들어서가 아닌, 행복해서.
아주 아파서가 아닌, 행복에 겨워서.

16
December

조심히 사랑하라

청춘에게.
무언갈 사랑하려거든
조심히 사랑하라.
그 무엇이든.

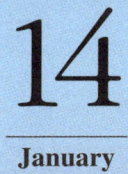
January

아빠도 여전히 불안해

"애야, 불안하지. 아빠는 아직도 불안해.
계속 불안하다 보니 여기까지 왔네."

아버지는 수험 성적 발표 날 나의 방에 와서 이야기하셨다.

어쩌면 불안이 나의 삶을 견인해 왔던 것일까.

15
December

그래도 된다

힘을 주지 않아도 괜찮다.
높이 날아가려고 허덕이지 않아도 괜찮다.
하지 못한다고 말하는 것도 그것대로 괜찮다.
때로는 뛰지 않고 걸어도 되고,
쉽게 쉽게 울어도 된다.

15
January

이겨 낼 것이다

잊어버리지 않겠다고 나는 다짐했다.
나의 고난과 슬픔을 대중화하여 희석하지 말 것.
나를 괴롭히던 것은 나 자신일 때가
많았다는 것도 함께.

"나는 지금 대단한 힘듦과 슬픔을 겪는 것이고,
기필코 이겨 낼 것이라는 것."

14
December

두 보 전진을 위한 한 보 후퇴

지는 것도 솟아오르기 위한
하나의 과정에 불과하다.

16
January

걱정하지 마라

걱정하지 마라.
당신은 무척이나 당연하게 나아갈 것이다.
종착역이 없는 그러한 무수한 것들에 대하여,
언제나 그랬듯 앞으로도 그렇게.

다 될 것이다.

13
December

쉬어 갈 여유가 있기를

나를 응원합니다.
힘내기보단,
잠시 쉬어 갈 여유가 있기를.

17
January

잘 살고 있는 건지

잘하고 있는 건지.
잘 되고 있는 건지.
그러다 문득
아, 이게 잘 살고 있는 건지.

12
December

미덕이 아닌 미련

매번 참는 것은
미덕이 아니라
미련이다.

18
January

바다 보러 가고 싶다

바다 보러 가고 싶다는 말을 자주 하고 있다면,
마음이 힘들다는 증거.
그만큼 노력하고 있다는 증거.

"아, 아주 잠깐만이라도 바다 보러 가고 싶다."

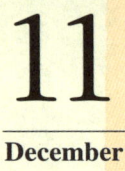

참 애쓴 당신에게

그 작은 몸으로
하루를 버텨 내느라 참 애썼고,
잘못했던 일들을 되돌아보며
한숨 쉬느라 애썼다.

19
January

나아가자

자신감이 없으면 될 일도 안 된다.
밥 든든히 먹고 당당히 나아가자.
까짓것 어때,
우리 곧 죽어도 자신감은 잃지 말자고.

10
December

우린 괜찮아지는 사람입니다

나에게 시련은 있었지만,
언제나처럼 지나갔고,
나는 또 언제나처럼
아무렇지 않게 생각해 왔습니다.

그러니까, 뭐 우린 늘
괜찮아지는 사람이라는 것이죠.

20
January

생각이 깊은 사람이기를

생각이 많은 것과
깊은 것은 엄연히 다르다는 것.

당신이 많은 생각으로 원하는 것을 망치기보단,
깊은 생각으로 원하는 것에 가까워지는 사람이었으면 좋겠다.

9
December

그게 더 마음의 멍인지도 모르고

아프다고 말하면
정말 더 아파질 것 같아서
입 밖으로 꺼내지 않았지.
무슨 일 있냐 물어볼 때
이야기하면 정말
무슨 일 있는 사람이 될까 봐
아무 일 없는 것처럼 숨겼지.

21
January

나를 믿어

가장 먼저 자신을 믿어.
내가 나를 믿지 못하는데
누가 나를 믿을 수 있겠어.

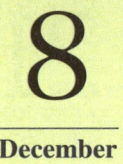
December

관계는 불호에 의해 움직인다

백번 잘해 주는 것보다
한 번 싫어하는 것을 고쳐 주는 게 나을 수 있다.
백번 좋아해 주는 것보다
한 번 같이 싫어해 주는 게 나을 수 있다.
백번 편들어 주는 것보다
한 번 같은 적을 두어 주는 게 나을 수 있다.

22
January

지금

지금, 바로 지금.
그 어떤 핑계에도 지지 않고
결단한 지금, 이 순간.
나의 환경이든, 결심이든, 습관이든
변화를 시작해 보자.

그래, 이걸 보고 있는 지금.

7
December

그래도 살아 내리라

삶이 나를 잡아 주지 못함에
나는 늘 흔들렸고,
사람이 곁에 머물지 못함에
나는 늘 허공에 손을 저어 내고 있었다.

January

그런 사람이 되었으면

누군가의 기준으로
좋은 사람이 되는 것보다
누군가에게 좋은 사람의
기준이 된다는 것.

6
December

내려놓아도 괜찮다

속상한 일이 있어서,
힘든 일이 있어서
마음이 무거울 때에는
내려놓아도 괜찮다.

24
January

올바른 방법

빠르게 가고 싶다면,
일은 원인부터
공부는 기초부터
사랑은 나부터
만남은 작은 것부터.

5
December

과정임을

모든 노력이 물거품처럼 흩어지는 것 같아도
아무 의미는 없지 않았다 믿는다.
굳게 믿는다.
당장 결과로 보이진 않더라도
그 또한 더 값진 결과로 가기 위한 과정임을.

25
January

참 애썼다

사랑하는 사람아,
나는 단지 이 말을 하고 싶었다.
살아 내느라, 사랑하느라, 그리고 상처받느라 참 애썼다.
그것으로 되었다.

4
December

그만큼 그럴 것이다

내가 무언가에 홀린 듯 끌렸다면,
그건 그만큼의 아름다움을 지녔을 것이다.
힘줄이 끊길 정도로 놓지 못한다면,
그건 그만큼 아플 가치가 있을 것이다.

January 26

침대 밑의 먼지 뭉치처럼

열심히 달렸는데도
뭐 하나 이루어진 것 없다는
느낌이 드는 날에는 기억할 것.

침대 밑의 먼지 뭉치도 보이지 않는 곳에서
차곡차곡.

어느새 그만큼이나 쌓여 있다는 것을.

3
December

그 주변을 유심히

잘라 버릴 사람이 있다면,

그 주변인들도 유심히 보고

그 관계의 지속을 고려해야 한다.

나중으로 미루지 말고.

나를 사랑하는 것

삶 안에서
진실된 나를 바라볼 수 있기를.
나의 가치를 알고,
나아가
움켜쥐는 사람이 되기를.

2
December

미련에 가까운 위로

무조건 괜찮다고.
쟤도 일어서는데 나도 일어나야지.
쟤도 저만큼인데, 나도 저만큼 되어야지.

어떤 위안은 위안보다
미련에 가까운 것이었다.

28
January

늘 있었다

늘 잘하진 못해도,
잘하는 건 늘 있었다.

1
December

누군가의 무엇

어딘가에 기댈 힘 하나 없는 아버지는
자신에게 기대고 있는 자식을 보고 힘이 난다.
사람은 '누군가의 무엇'이 되기 위해 살아간다.

기댈 힘조차 없다는 말이
가끔씩 누군가가 나에게
기대 줬으면 한다는 말로 들릴 때가 있다.

January

곧은 신념으로

스스로의 법칙을 세우고
그것에 안주하지 말 것이다.

12
December

시작과 끝에서

씨앗이 죽어야 싹이 트일 수 있다.
끝이라며 한숨 쉴 때,
들숨으로 공기가 들어온다.
모든 끝은 시작과 같아야 이룰 것이고,
모든 시작은 끝처럼 간절해야 위대할 것이다.
끝이라 절망했던 모든 길도
시작이라며 벅차했던 순간도
고작 오늘을 위한 과정이 되어 있었다.

이 모든 것은 시작과 끝에서.

30
January

꿈과 당신

사랑하면 서로 닮아 간다죠.
그러니 당신이 꿈을 그렸으면 좋겠습니다.
그리고 그 꿈을 사랑하면 좋겠습니다.

꿈과 당신이 서로 닮아 갈 수 있도록.

30
November

또다시 봄을 위하여

무언가 해야겠다고 조바심을 낼 필요 없다.

할 일 없이 녹아내리는 것도

눈이 봄을 위하여서 해야 할 일이다.

31
January

이제 시작이겠지만

언제까지고 무너지지 않을 사람아,
지금껏 잘 견뎌 내었다.
그것으로 되었다.
그거면 된다.

29
November

어젯밤 잠 못 이뤘던 우리에게

아쉬움과 후회 따위에 못 이겨 잠 못 이뤘던,
그래서 상쾌하지 않은 아침을 맞이하는
우리에게 말하고 싶다.

그렇게 아쉬운 어제를 두고도
하루를 시작한다는 사실,
우린 또 다른 소중함으로
나아가고 있다는 것임을.
그만큼 가치 있는 하루의 시작임을.

2
February

노력은 이월하지 않기로 합니다

우리의 노력이 나아가지 못한다면,
우리 또한 앞으로 나아가지 못합니다.
그러니 아주 힘들겠지만,
노력은 이월하지 않기로 합니다.

그런 다짐에도 지친 것 같은 날에는
기억하기로 합니다.
봄이 온답니다.
조금의 계절을 넘어, 봄이 온다고 합니다.

28
November

소중한 사람이 소중한 사람에게

과거에 어떤 일이 있었건,
어떤 소문이 들려오건,
나는 널 믿어.
너라는 사람을 믿고,
네 행동을 믿고.
나 자신을 스스로 믿어 주기도 힘든 세상에,
내가 네 옆에 있는 가장 값진 이유랄까.
나는 널 믿어.
그러니 걱정하지 마. 네 편이 여기 있잖아.

1
February

작은 사람이 아닌 거인으로 살아가길

네가 작은 사람이 아닌
거인으로 살았으면 좋겠어.
남보다 작은 사람이 아니라
어제의 너보다 오늘 더 큰
거인으로 살아갔으면 좋겠어.

난 네가 그렇게
어깨 펴고 살아갔으면 좋겠다 친구야.

27
November

맞지 않았던 것들에 너무 상심하지 말 것

너무 큰 바지는 흘러내리기 마련이고
너무 작은 바지는 허리를 졸라매기 십상이다.
그렇게 계속 입어 보고 입어 보면
나와 딱 맞는 바지가 하나쯤 나오기 마련.

2
February

어린애가 되고 싶다

난 아직도 그냥 철없는 꼬마처럼
엄마 품에 안겨 있고 싶을 때가
자주 있다.

November

삶은 스스로가 스스로에게로

지금, 스스로에게 무던히 건넨 작은 응원은
어딘가의 나를 일으키고
어딘가의 나에게로
나를 견인할 것임을.

3
February

불안함을 불안해하지 말길 바라

너무 불안해하지 마.
전부 잘 되진 않겠지만,
그래도 잘 되어 가고 있으니까,
그러니까.

25
November

생각보다 계획대로 되는 일이 많지 않다

어떤 일이든
너무 멀리 계획하고
정해 두지 말라.

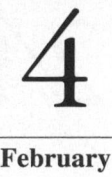
February

그러니 당신은 생각보다 멋지다

사람은 마음먹은 대로 그런 사람이 된다.
나를 멋진 사람으로 생각하면
그만큼 멋진 사람이 되고,
나를 못난 사람으로 생각하면
그만큼 못난 사람이 된다.

November

여전히 소중하고 특별함에도

아이러니하게도
내가 소중하고 특별하다는 기대감은
여전히 소중하고 특별한 나를
하찮은 존재로 만들기 일쑤였다.

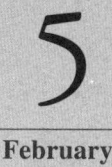

February

나라는 자랑

내가 나를 자랑스러워해야
내가 하는 일들이 자랑스러워질 수 있다.
내가 하는 일들이 자랑스러워야,
내 주변의 자랑을 예민하지 않게,
기쁘게 받아줄 수 있는 것이다.

23
November

좋은 일 생길 거야

괜찮아.
온몸을 다해 아파하고
조만간 웃는 얼굴로 돌아오는 거야.
좋은 일 생길 거야.

6
February

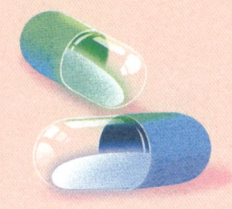

아프지 않았으면 좋겠다

아픈 일이 없을 수 있겠냐마는
난 당신이 아프지 않았으면 좋겠다.
모든 상처가 전부
성장의 계기가 되는 것은 아님을 알기에.

22
November

관계의 묘함

적의 적은 나의 친구다.
하지만 친구의 친구는
나의 친구가 되지 않는다.
묘한 일이다.

7
February

바람이 붑니다

곧, 우리에게 바람이 붑니다.
기약 없는 고통 속에서도
반드시 우리에게 바람은 붑니다.
기약 없는 슬픔 속에서도
반드시 우리에게 바람은 붑니다.

결국엔 지나갔고, 새로울 시작 그 어딘가에
당신의 발걸음을 옮겨 줄,
기적의 바람이 붑니다.

21
November

흐름대로 흘러갈 것이다

큰 기대를 하지 말고,
무겁게 생각하지도 말 것.
시간과 같이 그 흐름대로 흘러가는 것이
우리의 삶이기에.

February

야생의 기린처럼

원하는 것에 대한 열망을 편히 눕히지 말 것.

야생의 기린처럼 서서 잠을 청해야 할 것이다.

언제 그랬냐는 듯

핏대 세우고 빳빳할 기린의 목처럼 말이다.

20
November

나에게 말해 주는 문장

혹여나 말해 주는 이가 없더라도
마음으로 나에게 말해 주는 것이다.
"잘했고, 잘하고 있고, 잘 될 것이다."

9
February

잘 살아

너에게 상처 준 모든 것들이 원하는 것은
네 망가지는 모습이라고.
그거 잊지 말고
너 하나 정말 살아 내라고.
잘 살아 내자고.

19
November

참된 나무

열매 맺지 못한다고
죽은 나무가 아니다.
탐스러운 열매를 맺는다고
좋은 나무인 것도 아니다.
어떤 풍랑에 흔들릴지언정
꺾이지 않는
그런 나무가 참된 나무이다.

10
February

우린 생각보다 많이 가졌다

갖지 못한 것에 욕심을 부리기보단,
갖고 있는 것에 의미를 두며 살아갈 것.

18
November

되짚어 봐야 할 것

우리는 잘못된 위로를
스스로에게 던지고 있는 건 아닐지.

11
February

당신의 때가 온다

흐름에 맞게 애쓰는 것이 사람이다.
아직 애쓰지 못했다면
애쓸 날이 올 것이고,
그동안 참으로 애썼다면
쉬는 날 또한 꼭 올 것이다.

17
November

알아 감은 곧 두려움일까

세상을 알아 간다는 것은
행복이 두려워지는 것을 뜻할까.

12
February

혼자

혼자 살다 보면 무엇보다 외로운 것은
집에 도착했을 때 껌껌한 집안 풍경과
차가운 집 온도.
어떠한 소음 하나 없어
불을 켜기 위해 누르는
스위치 소리가 제법 크게 들리는 것.

정말 혼자가 되었다는 그런 기분.

16
November

모든 사람이 그렇다

나는 누군가에겐 보고 싶은 사람이고,
누군가에겐 없어져야 할 사람이며,
누군가에겐 닮아 가고 싶은 사람이다.

13
February

뻔한 위로

괜찮습니다.

힘들 땐 잊게 되는 사실.
우리 모두는 결국 괜찮아지는 사람이라는 사실.
조금은 뻔한 위로.

15
November

자신에게 떳떳한 사람

후회할 일보다
떳떳할 일이 많아지는
사람이기를.
무엇보다 나 자신에게 말이다.

February

밸런타인데이

나를 녹여서 온전히 너에게 맞게 선물해.
세상 참 달콤하다 느끼게끔.

14
November

공백

문장에도 띄어쓰기라는 공백이 있듯,
관계에도 사이라는 공백이 있어야
완벽한 문장이 되기도 한다.

15
February

마음이 건강해야 해

나이가 들어서 알게 된 것.
몸도 몸이지만 마음을 정말 잘 챙겨야 한다.
만성 피로나 불면증에 시달린다면
마음에 병이 있을 가능성이 크다.

13
November

나는 나답게

미움으로부터 자유와 사랑을 지켜 내는
최고의 방법은 '나는 나답게.'이다.

16
February

고생 많았다

지금의 당신이 되느라
얼마큼 힘들었을까.
이겨 내느라 얼마나 힘썼을까.

12
November

너라서

'너가 좋아서'에서
'너라서'로 바뀌는 것,
그것이 만남.

17
February

내가 나의 가장 큰 적이다

"내가 나의 가장 큰 적이다. 내가 나를 가장 힘들게 하기 때문."

언젠가 흔들리고 무너졌던 시기에
적어 놓았던 문구였다.

11

November

사랑의 속삭임

기분이 울적할 때마다 청소를 한다는 그 사람.
그 사람의 집 구석 어딘가,
손길이 쉽게 닿지 않아
먼지가 잔잔히 쌓여 있는 곳을 찾아내어
'좋아해요.'라는 조용한 내 마음 적어 놓아야겠어.

18

February

나를 인정하는 것

무엇을 해야지만
나를 인정하는 것은,
나를 온전히
인정하는 것이 아니다.

10
November

나를 살펴보기

가끔은 다른 사람들을 살펴보듯,
나를 살펴봐야겠습니다.
잘살고 있는지,
아픈 곳은 없는지,
상한 곳은 없는지.
정말 괜찮은 것인지.

19
February

요즘, 행복

행복의 전부는
무탈에 있다는 걸 새삼 느낀다.
하루 혹은 한 달 길게는 일 년
나의 그 어느 기간을 '행복했다.' 정의하는 건
'행운이 깃든다.'기보다
'아무 일 없어 무탈하다.'에 가깝다는 것을.

9
November

관계에 대한 유연한 생각

아무리 착한 사람이라도
누군가에겐 나쁜 사람이 되고,
아무리 나쁜 사람이라도
누군가에겐 좋은 사람이 된다.

20
February

나를 의식하는 연습

남을 의식하기보다,
나를 의식하고 살아갈 것.

8

November

오늘도 힘차게 출항하기를

살기 위해 헤엄쳐 도착한 그곳이
보잘것없는 돛단배라도,
강건히 맞이하며 나아가기를.

그 어느 명언처럼
항구에 닻을 내리고 있는 배는 안전하나
그것이 배의 존재 이유는 아니기에.

February

성장통

이렇게 아프고 저려 오는데
세상은 나에게 성장통일 뿐이라 말하더라.

7
November

머물러 있지 않기를

그 어느 역경과 슬픔에도
그대로 머물러 있지 않기를.
부정이라는 풍파에 겁먹어
가만히 부서지지만은 않기를.

22
February

나를 위해서

남을 위해 사는 착한 사람 말고
나를 위해 사는 좋은 사람이 되기를.

6
November

내가 나를 힘들게 할 때

살면서 나를 괴롭히는 것은
그 어떤 것보다도
나 자신일 때가 무던히도 많았다.

23
February

보석으로 살아요

나의 가치를 알아주는 이의
보석으로 살아요.
나의 가치를 몰라주는 이의
돌멩이로 살지 말고.

5
November

툭툭 털고 일어날 것이다

우리는 돌부리에 넘어져도
일어나는 법을 알기에
흙먼지 툭툭 털고 다시 일어난다.
그러니 당신이 어딘가에 넘어져
마음이 까지더라도 괜찮다.
수도 없이 연습을 해 왔던 당신이기에
당연히도 흙먼지 툭툭 털고 일어날 것이다.

24
February

당신에게 묻는다

요즘 힘들어 보인다.
괜찮아? 무슨 일 있어?

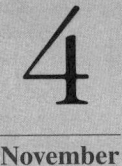
November

그러니 너무 상심하지 말길 바라

덜 익었다 생각이 드는 건,
그만큼 생각이 익어 간다는 증거야.

25
February

사람 사이가 변한다

사람보단
사람 사이가 쉽게 변한다.
지나가는 세월에 따라
시시각각.

3
November

삶의 비밀

"애야, 후회하는 삶을 살지 않을 순 없지만
그 순간마다 시간이
너를 앞지르고 있다는 것을
잊지 말고 살아가렴.
엄만 그 비밀을 이제야 알게 되었단다."

26
February

그것으로 되었다

어떤 것으로부터
어떤 삶으로부터
어떤 슬픔으로부터
버텨 내기 위해 참 애썼다.
그것이면 된다. 그것으로 되었다.

2
November

다짐이 곧 현실이 될 것이니

다짐을 했다면
애써 의심하지 않아도 된다.

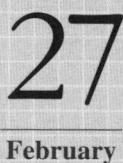

27
February

어머니의 말씀

가끔 너무 힘겨울 때는 이것을 잊지 말렴.
내가 무엇 때문에 힘든지 말이야.
나 때문에 힘든 것인지,
남 때문에 힘든 것인지.

1

November

그렇게 나아갈 것

아는 만큼 겁쟁이가 되는 거.

지금보다 나중을 더 생각하게 되는 거.

혹하다가도 휙 하고 뒤돌아서게 되는 거.

그간 쉽게 행복할 수 없는 이유였지만,

늘 행복할 수만은 없다는 생각으로,

오늘은 행복할 거란 희망으로.

28
February

분명히 잘하고 있다

잘하고 있다.
말해 주는 이 없어 당신은 모르겠지만,
분명히 잘하고 있다.

11 November

기억하기로 해

살아가다 보면 쌓아 온 모래성이
나의 실수로 무너지기도 하고
차근차근 완성한 도미노가
순간 망가지기도 하지.

그럴 때 잊지 말아야 할 것.
당신 하나만 무너지지 않으면
언제든 다시 쌓을 수 있다는 것.

어떤 고난

모든 고난이 나를 단단하게 만든다는 미련을 버려야 한다.
어떤 고난은 포기하고 피해 줘야 나를 성장시킬 수 있다.

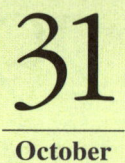

October

인생은 긴 선로 위에 열차 같아서

너무 애쓰지 말 것.
기분 좋게 받아들이고 흘려보낼 것.
그래도 슬플 때는 힘차게 달릴 것.
다음 정거장으로.

당신의 해 봄을 응원합니다

세상이 따뜻한 이유도, 자라나는 것도
당신의 해 봄 덕분입니다.
어떤 일은 무언가 일어나지 않더라도
'해 봄' 그 자체만으로
기적이 일어난 것과 같으니,
난 또 당신의 해 봄을 응원합니다.

해 봄. 그 해 봄.
푸른 새싹이 돋아날 것 같은 말이니까요.

30
October

사랑하고 애정하는 나의

천하장사인 줄 알았다.

우는 법을 모르는 줄 알았다.

아침잠이 없는 줄 알았다.

어디서 허리 굽히지 않는 줄 알았다.

사과 심지 부분이 맛있는 줄 알았다.

1
March

너의 때

친구야, 너의 때는 꼭 오게 되어 있다.
지금 그대로 묵묵히
너의 때를 기다리면 되는 것이다.

그게 더 힘들더라

그래, 다 그랬다.
올라가는 것보다
내려가는 것이 더 어렵고 두려웠다.
더 욕심내고 더 갈망할수록.
그런 무거운 삶을 살아갈수록.

2
March

괜찮다, 처음이니까

우리 모두 처음 살아 보는 인생이잖아요.
전부 처음 경험해 보고 처음 겪어 보는 것이잖아요.
그러니 조금 실수할 수도 있지요.
조금 버벅댈 수도 있지요.

28
October

보석 같은 눈물

보석 같은 눈물을 흘리는 사람이 되어라.

어떤 날은 그것이 너무나 아까워,

방구석에 숨어 남몰래 털어놓을지라도.

그 눈물 떨어지기 전에

누군가 옷소매로 스윽 훔쳐 가는

그런 눈물 흘리는 사람이 되어라.

3
March

소중한 하루

사소한 걱정으로 망친 나의 하루는
결코 사소하지 않았다.

27
October

그렇게 믿자 우리

"괜찮아. 너무 무겁게 생각하지 마. 지나갈 거야."

4
March

잘 견뎌 내었다

상처가 많은 사람아,
오늘도 그 어떤 상처로부터
아픔으로부터
또 후회로부터
잘 견뎌 내었다.

26
October

모두에게 사랑받을 순 없다

어떤 사람에게 미움받는다고
너무 상심할 필요가 없다.
모든 사람에게 사랑받길 원한다는
그 생각을 버려야 한다.

5
March

가치가 있는 일에만

염려할 가치가 있는 일에만 염려할 것.
힘들 가치가 있는 일에만 힘낼 것.
내가 쏟을 수 있는 감정과 노력에는 한계가 있으니.

25
October

마음의 시선

마음의 시선을 온전히
내 앞에 두고
올곧게 걸어가세요.

6
March

그것이 본성이 이끄는 일이니

멈추지 않는 한 청춘인 우리,
너무 계획하지 말고,
마음 가는 대로 행할 것.

24
October

구분하며 살아갈 것

동정 어린 응원은
누구나 할 수 있어도,
진심 어린 축하는
누구나 할 수 없는 것이다.

7

March

행복을 놓아줄 수도 있어야 한다

무척이나 행복한 순간임에도 불구하고
이 순간이 부서지진 않을까
막연하게 두려워질 때에는
그것을 굳이 쥐고 있지 않아도 된다.

그 순간만큼 행복했다는 사실 하나만으로,
사실 충분한 것이다.

23
October

후회의 시간이 깊어질 때 기억할 것

뒤돌아보지 말고
매 순간 앞에 놓여 있는 것들을
바라보고 살도록 노력하라.
그래야 조금이라도
시간에 얽매이지 않고 살아간다.

8

March

잘 살아

아프지 말고 망가지지 말고 잘 살아.
그게 최고의 복수야.

22
October

넘어져도 결코 무너지진 말라

누군가의 긍정이자
누군가의 걱정일 당신이기에.
부모의 바다이자
친구의 여행이자
연인의 빛일 당신이기에.
넘어지는 일이 있더라도, 무너지진 말라.

March 9

행복이 두려울 때

나를 행복하게 했던 것들은
나를 가장 아프게 하는 것들이 된다.
그래서 때론 내가 쥐고 있는 행복이
두려울 때가 있다.

21
October

당신을 모르는 누군가가

숱한 응원 속에서도
두려움이나 무기력함에
벗어날 수 없을 것 같은 날엔 기억할 것.

여기, 당신을 모르는 사람이
당신을 애타게 응원하고 있다.

10
March

누군가의 새벽

누군가의 새벽을 그리움으로
물들이게 할 만한 가치가 있는
사람이 되고 싶다.
그냥 사랑받고 싶다는 말이야.

20
October

정리하는 연습

건강하고 여유로운 삶을 위해선
물건도, 사람도
정리하는 연습이 필요하다는 것.

11
March

지금 당장

기억하라.
막론하고 '지금 당장'이
나를 사랑할 적기이다.
지금 당장에 한정해.
내가 나를 애정하는 이유를 찾는 것은
사치이다.

19
October

나의 오늘은 누군가의 소망

어느 저명한 문장처럼,
당신이 살고 있는 오늘은,
어제 죽은 누군가가 간절히 바라던
내일일 것이다.

12
___
March

기적의 마음

사람은 혼자 있고 싶다가도
혼자이긴 싫어하는 거다.
아주 당연하면서도 아주 이기적인 마음이다.
그런 마음들이 모여 상처를 주다가
다시 서로를 감싸는 것.
삶은 이기적인 마음이 모여
이 기적을 만드는 것이다.

18
October

나를 많이 아는 것

나를 사랑하는 것은
자존감이 높은 것과는 사뭇 다르다.

나를 사랑하는 것은
나를 많이 아는 것.

나를 알아줄 때에
보이지 않던 내가 보이며
나의 단점을 직면할 수 있다.

13
March

빛이자 바다인 당신에게

당신은 누군가의 빛이자
누군가의 바다이다.

17
October

마음과 삶의 연료

마음은
외로움과 괴로움을 주식 삼아
생을 연명한다.

14
March

안아 주고 싶은 하루

그저 너의 하루를
알아 가고 싶었는데,
이젠 너의 하루를
안아 주고 싶어졌다.

16
October

무엇이든 확실히

쉴 거면 확실하게 쉬어야 한다.
괜히 쉬면서
눈치 보고 스트레스받을 바엔
쉬지 않는 편이 옳다.

15
March

당신의 존재

잊지 말았으면 한다.
당신도 누군가에게
당신은 모르는 사랑을 받는 존재임을.

15
October

그 걱정, 깊지 않을 거예요

과도한 두려움과 긴장은 나를
발만 닿는 물에서도 하염없이
허우적거리게 합니다.

그러니 발 쭉 펴고 담대하게 있어야 해요.
분명 잠길 만큼 깊지 않을 거예요.
그 걱정은.

16
March

변하지 않을 성취를 위하여

조금 더 변질되지 않는 바람을 가져 보자.
그리고 그것을 이루기 위한
작은 목표를 세워 보자.
내 주위의 환경을 변화시키기보단,
나 자신을 그런 바람에
걸맞은 사람으로 만들어 보자.

14
October

뒤돌아보지 말고 선뜻 앞서지 말 것

결코 뒤돌아보지 말라.

그 언제의 지나감에도.

선뜻 앞서지 말라.

그 어떤 예상이라도.

17
___
March

우린 서로를 잘 모른다

타인이 나를 모르듯,
나도 타인을 모르고 살아갑니다.
부러워할 것 하나 없고,
내세울 것 하나 없는 것이지요.
질투할 것 하나 없고,
자랑할 것 하나 없는 것이지요.

13
October

어른이 되려면 멀었다고

누가 말해 주기라도 하면 좋겠다.
아직은 내가 어린애라고.
어른이 되려면 아직 멀었다고.

18
March

모두에게 좋을 순 없다

그 누구도 모두에게 좋은 사람이 될 순 없다.
모든 상황에서 모두의 입맛에 맞게끔
좋은 사람이 될 수 없다는 것이다.

12
October

놓아줘라

상대가 용서할 수 없는 실수를 했다면
놓아줘라.
어차피 그 잘못,
다시 반복될 것이다.

19
March

그러니 꾸준히

인생은 짧은 순간의 싸움이 아니다.
단거리 경주처럼,
인생은 짧은 순간의 싸움이 아니다.

11
October

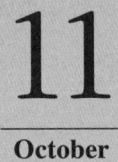

모두가 걱정하고 고심하며 살아간다

긴긴 새벽
당신과 나는 무슨 생각을 했을까.
걱정하고 고심하며
잠 못 이루는 사람들이 가득하니
새벽이 소란스러워
어젯밤도 뒤척인 걸까.

20
March

무던히

모든 일은 급하게 생각하고,
결과만을 바라본다면 보잘 것 없어지지만,
무던히 해내다 보면
그것은 큰 결과로
나에게 나타날 것임을.

10
October

나에 대한 최소한의 예의

누군가에게 건네는 다정처럼
나에게도 다정을,
누군가에게 보이는 예의처럼
나에게도 예의를.
자신에게 실례를 범하지 않고
최소한의 예의를 지키며 살아갈 것.

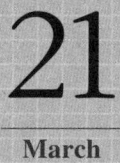
March 21

가치 있는 노력

무조건적인 노력은 노력이 아닌 미련이다.
노력도 노력으로 인정받을 수 있어야
노력인 거지.

노력으로 인정받지 못할 노력은
노력이 아닌 노동일 뿐이기에.

9
October

괜찮습니다, 다 그런거지요

저 높은 하늘도 눈물샘 마를 날 없어
빗방울 한가득 쏟아 낸답니다.
하물며 당신이라고
눈물 한 방울 없이 맑을 수만 있겠습니까.

22
March

사람의 진가

사람의 진가는 힘들 때보다 행복할 때 나온다.

어려울 때의 겸손과 배려는

처지로부터 나오는 법이지만,

그렇지 않을 때의 겸손과 배려는

마음에서부터 나오는 것이기에.

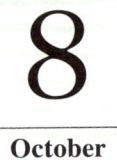

October

나는 나의 가장 큰 적이자 친구임을

자신을 너무 큰 적으로 돌리며 외면하지 말 것.
자신을 적으로 만든 것 또한 나 자신이지만,
나는 나의 가장 큰 적이기 전,
나의 가장 큰 친구임을.

23
March

덧없는 도약

그동안 고생한 삶에 대하여
최소한의 응원을.
덧없는 긍정의 다짐을.

그 덧없는 도약이 곧,
당신을 도약하게 만드는 것이니.

7
October

가치 있는 삶을 위하여

포기할 가치가 있는 일은
온 맘으로 놓아 줄 것.

아파할 가치가 있는 일은
움켜쥐고 마음껏 힘겨워할 것.

24
March

마음이 가는 사람

이제는 별것 없고
투박한 들꽃같이,
눈이 가기보단
마음이 가는 사람이고 싶습니다.

6
October

다시 일어서야겠다

나는 또 엉엉 울고 다시 일어서야겠다.
나를 소중하게 생각하는 어떤 것들에게
최선을 다하기 위하여.
그 어떤 것들에게 좋은 사람으로
살아가기 위하여.

25
March

살아 내어라

살아 내어라. 우울함에, 지속적인 불안감에,
언제까지고 있을 슬픔에.
늘 그랬듯 앞으로도 그렇게
기필코 살아 내어라.

5
October

쉼을 응원합니다

고생했다고, 애썼노라고,
조금은 쉬어 가도 되는 거라고.
그만큼 앓았으면 충분한 거라고.

나, 당신의 앓을 응원하듯,
당신의 쉼 또한 응원하겠습니다.

26
March

안녕한지요

당신의 열정은 아직도 여전한지요.
당신의 과정은 괜찮았는지요.
당신의 친구들은 곁에 있는지요.
또 당신의 소중한 그 어떤 것은 여전히 안녕한지요.

4
October

그것을 인정하고 살아갈 것

누구의 마음도 온전히 가질 수 없고,
온전히 채울 수 없다.
마음은 소유하는 것이 아니고,
빼곡히 채울 수 있는 것도 아니다.

27
March

기분이 태도가 되는 사람

기분이 태도가 되는 사람을 피하라는 건
그 사람 성격이 유독 더러워서가 아니다.
그 사람에게 내가 유독 쉬운 사람이라 피하라는 거다.

3
October

참 잘했어요

"참 잘했어요"
삐뚤빼뚤 쓴 일기장에 찍힌 도장처럼
삐뚤빼뚤한 나의 오늘에도
도장을 찍어 주는 것이다.
참 잘했노라고, 내일도 해내어 보자고.

28
March

그러니 불안해하지 마라

네가 두려워하는 그 흔들림 말이다.
흔들리고 있다는 것은 곧,
나아갈 준비를 한다는 것이니.

2
October

긴장 풀고

너는 멋있어.
훌륭해. 잘할 거야.
잘 될 거야.
잘할 수 있어.
꼭 그렇게 될 거야.

우리 긴장 풀고 시작하자.

29
March

휘청임

모든 휘청임은 내 삶을
완성하는 것의 일원으로서
역할을 다할 거란 것.
잊지 않기로 합니다.

1
October

행복함에 잠겨 버릴 수 있기를

힘든 일 단번에 몰려와

주저앉은 당신에게

행복한 일 파도처럼 밀려와

잠겨 버릴 수 있기를.

30
March

어쩌면 너무 빠르게 어른이 되어서

살면서 '그래도'보다 '어쩌면'이 많아진다.
예전에는 '그래도 뭐 어떻게든 되겠지.',
'아, 몰라.' 잘했었는데,
요즘은 아주 작은 일에도
'어쩌면…' 하며 겁이 먼저 든다.

10 October

묶음

십월, 시월이라 부른다죠.
비읍이 빠졌습니다.
발음하기가 쉬워집니다.
이처럼 매번 빼먹을 순 없겠지만
가끔, 빼먹어야 괜찮은 것이 있습니다.
곧 해의 마지막이 다가옵니다.
'마지막', 말만으로 꽤 무거운 마음입니다.
나를 옥죄는 숱한 걱정과 부담은
발음하지 않아도 괜찮습니다.
아니, 그래야 할 때가 있습니다.

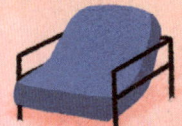

31
March

중심을 다잡을 것

내가 지닌 소중함을 믿고,

별 볼 일 없는 미움과 험담에

쉽게 흔들리지 말 것.

또 무너지지 말 것.

무너질 것이라면

그만한 가치가 있는 것에

철저히 무너질 것.

September

떠나라

마음이 힘들 때에는 단 하루라도 떠나라.

우리는 어쩌면 여행을 살았던 사람들일 거라는 말.
우리의 고향은 어쩌면 여행일 수도 있겠다는 말.

나를 여행에 살게끔 만들었다.

꽃이 피고 지는 날

많은 이들이 예쁘다며 꽃구경을 갑니다.

난 생각합니다.
예쁘게 피기까지 얼마큼의 인내가.
지는데 얼마큼의 아쉬움이 있을까.
찰나 아름답고 낙화하는 기구한 운명.
모든 열매가 숱한 핌과
추락 속에 맺힌답니다.

정말 인생은 멀리서 보면 희극이고
가까이서 보면 비극일까요.

네가 가장 소중하고 귀중해

"그 어느 대단한 일이라 해도
네 귀중한 몸 망가뜨리면서
이뤄야 할 일 전혀 없다.
네 몸 망가지면서 붙잡고 있을 일 하나 없고,
사람 하나 없는 거고.
네 몸 망가지면서까지
미워할 사람도 전혀 없는 거다.
네가 가장 소중하고 귀중해."

잊지 말라는 어머니의 당부.

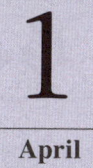

April 1

살아가는 것

여전하리라 생각하는 것들 모두가
여전한 것이 아니었고,
여전하지 않을 것 같은 것들이
여전할 수도 있는 것.
그것이 사람 살아가는 거더라.

28
September

피하면 이로운 사람

본인의 무례함을
상대방의 예민함으로 포장하는 사람은
피하는 것이 내 삶에 이롭다.

2
April

그럭저럭 살아 내었다

늘 슬펐고 늘 흔들렸고
늘 누군가를 보내야만 했으나,
그래도 나는 이 진부한 우울에 대하여
그럭저럭 살아 내었다.

작은 성취

내 그릇 이상의 큰 꿈을 품으며
걱정을 달고 살 필요 없다는 것을
느낄 때가 있다.

자기 합리화일까.

아무렴 좋다.
아주 작은 성취로 만족하는 삶은
도리어 아름다울 수 있다.

3
April

세상이 두려울 때

어느 날은 세상이
두렵게만 느껴지는 탓에
불을 끄고 침대 구석에 쪼그려 앉아
손톱을 물어뜯었다.

September

고난은 곧 완성의 일원

삶이란 각자의 경험을 토대로
스스로 교정해 나가는 과정이라는 것.
모든 역경이 곧, 나의 단단한 삶으로 돌아올 것이며,
버틴 시간이 내 미래를 지지하는 기둥일 것이다.

4
April

비 온 뒤 맑음

하늘이 깨질 듯 울고 난 후에
맑은 날이 태어난다는 것.
당신이 태어난 그 기적처럼 말이다.

25
September

그런 사람, 있나요

입맛을 사로잡는 기름진 음식처럼
확 끌리는 사람보다는
소금기 하나 없어 밍밍한
어머니의 냉이된장국처럼
나를 속으로부터 생각해 주는 사람을
곁에 두고 싶습니다.

5
April

흘러갈 것이다

눈물을 조금은 편하게 받아들이면 된다.
또 행복을 부서질 만큼 꽉 쥐고 있지 않아도 된다.
모든 것이 무척이나 당연하게 흘러갈 것이다.

24
September

대담하게

부정에 대적하여 기필코 살아 내며,
삶의 파도를 심히 두려워 말 것.

April

이미 충분한 사람

나는 남보다 덜 가진 사람이 아니라,

남보다 덜 알아주는 사람일 수 있습니다.

무언가 부족하게 가진 사람이 아니라,

무언가 부족하게 알아주는 사람일 수 있습니다.

23
September

조바심이 어울리는 나이

요즘은 '젊음'이라는 단어가
제법 어울리지 않는다.
아직 젊으니까, 한창이니까,
따위의 말로 스스로를 위로하던 나는 어디 가고
조바심만 가득하다.

7
April

잘하고 있다

당신은 당신 생각보다 잘하고 있다.
그것은 스스로가 가장
잘 알고 있는 사실 아닌가.

22
September

좋지 않은 예감

꼭 좋지 않은 예감은 적중한다는 것이
나의 삶을 더 두렵게 만들곤 했다.
꼭 그럴 때만 촉이 좋다.

8
April

예쁜 꽃

너처럼 예쁜 꽃을 지나친 사람을
그만 아쉬워하렴.

September

여전하거나, 나아가기를

시간이라는 여과 장치로 인해
힘들기만 했던 날들이 정화되어,
긍정의 응원만이 가득하기를.
퇴보하지 않고
머무르거나, 진보하는 마음이기를.

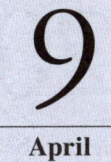

April

상처를 허락하는 삶

당신의 삶이

조금 더 당신에게 소중한 것들에만

상처를 허락하는 삶이 되었으면 좋겠다.

20
September

울어도 돼요

먹구름 가득한 하늘은
비를 쏟아야 맑은 하늘이 돼요.
그러니 지금 울어도 돼요.
금세 맑아질 거예요.
당신 마음도.

10

April

시작은 늘 버겁다

무언가의 시작은 주변만이 시끄럽게 박수 친다.
나는 갓 태어난 아이처럼 호흡기를 달고 사는데.

19
September

미완의 마음과 미완의 마음

좋지 못한 사람인 내가
용기 내어 너에게 다가간다.
좋지 못한 사람인 네가
용기 내어 나에게 다가온다.

삶과 사랑은 미완의 마음과
미완의 마음이 만나는 것.

운명

운명이란 것이 있다면 묻고 싶다.
왜 매번 내가 힘들 때 찾아와
시답잖은 이유를 던져 놓고 해결하라는지.

18
September

그렇게 말해 줬으면

어른이 되려면 아직 멀었으니 걱정하지 말라고,
다 지나가면 그리워질 것들이라고 말해 줘.

그래야 내가 조금이라도
숨 쉬며 살 수 있을 것 같아.

12
April

상처받지 않기 위하여

가벼운 마음엔 가볍게 대처해 줄 것.
가벼운 마음에 나만 아파하고
속앓이하지 말 것.

17
September

모든 건 마음먹기 나름이야

결국 마음이 문제야,
사람 마음의 문제.

13
April

거짓말처럼

거짓말처럼 모든 일이 한 번에

해결되었으면 좋겠다는 생각이

자주 드는 요즘.

16
September

어떤 의문

'해내야만 한다.'라는 부담에서,
'하지 못할 만도 하지.'라는
인정이 필요한 걸까.

가끔 의문이 든다.

14
April

직면해야 이겨 낼 수 있다

어떤 일을 헤쳐 나가야 할 때,
그리고 그 안에서 어떠한 장애물이
나를 자꾸 가로막을 때
가장 알아야 할 것은
나의 단점이다.

September

믿고 나아가라

잘하고 있다.
넘어지는 것이 실패를 뜻하는 것은
아니기 때문에.
또 잘하고 있다.
다시 일어나는 연습을 하고 있는 것이니.

April 15

살아 내자

가끔은 눈물이 흘러
서로의 옷소매가 마를 날 없을지라도,
서로의 좁은 어깨에 불편하게 기대고 싶어지더라도.

우리, 함께 살아 내자.

14
―――
September

기억하며 기약할 것이다

어떤 방식으로든
우리를 일으키는 문장이 생에 하나씩은 존재한다.
모두에게 있을 것이다.

그 문장, 기억하며 살리라.

16
April

멈추지만 마라

당신은 달리고 있다.
힘들겠지만 멈추지만 마라.
그거면 된다.

13
September

올바른 삶

언젠가 나의 가족을 위해 봉사할 것.
부모와 형제가 동냥하지 않더라도,
먼저 다가가서 살필 것이다.

17
April

요즘 나의 웃음

예전에는 한 번 웃으면
그 웃음이 뒤돌아선 후에도 이어졌는데,
이젠 웃은 뒤에 무표정으로 뒤돌아선다.
가끔은 웃기지 않은 일에 억지로 미소를 짓느라
볼에 경련이 일기도 했다.

힘을 주며 웃는 기분이 든다.

12
September

중심을 잡는 연습

살아가며 불안하지 않은 사람 하나 없고,
넘어지지 않는 사람 하나 없으니.
당신은 중심을 잡는 연습을 하고 있는 것이니.

18
April

애썼다

괜찮은 척하느라 애썼고,
버텨 내느라 애썼다.
어른이 되기 위해서
혼자 끙끙 앓아 버린 시간에게, 애썼다.
힘내라는 말을 억지로 이해시켜 버린 머리에게,
참 애썼다.

11
September

누군가의 꿈이자 목표인 당신에게

알고 살아갔으면 한다.
당신도 누군가에겐 꿈이자 목표라는 사실을.
기억하고 살아갔으면 한다.

19
April

덕과 악덕

우리 엄만 세상에서
가장 덕 없는 행동이
덕을 베풀어 놓고 생색내는 거라고 했다.
그건 덕이 아니라 악덕이라고.
그럴 바에 베풀지를 말아야 한다고.

10
September

너무 늦으면 안 되는데

평소엔 잊고 살았는데,
오랜만에 고향에 가면
주름이 더 늘어 버린 엄마 아빠.
그들의 시간은 나보다 더 빨리 가는 걸까?
속절없이 흐르는 시간이 밉다.

20
April

이유 없는 미움

생각보다 이유 없이 미움받는 일이 많다.
그것에 대해 이유를 따지면 내가 힘들어진다.

9
September

그들의 자랑이 헛되지 않도록

나를 자랑스러워하는 이들이
내 삶에 있다.
분명 있다.
내가 지지 않아야지.
무너지지 말아야지.
그들의 자랑이 헛되지 않도록.

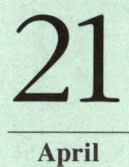

April

잘 살고 있는 건가

시간은 많아도 여유는 없다.
그래서 그냥 다음에 해야지 하면서
미루는 일이 많다.
잘 살고 있는 건가 싶더라.

8
September

좋은 사람이 되기 위해

지금 아무리 행복하더라도,
과거에 고생했던 것을
잊지 않는 사람이 될 것.
사소한 애정도 가볍게 여기지 않고,
누군가의 배려를 당연히 여기지 않는 사람이 될 것.

April

의미 부여

부질없는 것에 더 이상
의미를 부여하지 말 것.
의미를 두고 괜히 실망하는 일은
없도록 할 것.

7
September

생각을 줄이면

때론 생각을 줄이면,
생각지 못한 많은 것이
보이기도 한다.

23
April

저마다의 때

다 저마다의 때가 있다.
느리거나 빠르거나 하는 것은
그다지 중요한 것이 아니다.

September

당신도, 삶도

괜찮아요. 처음이라 그래요.
지금 당신도,
당신의 삶도.

정말 그렇다

헛된 노력은 어디에도 없다.

5

September

지나갈 것이다

뒤돌아보니 많은 것들이
전부 그리운 것이 되어 있더라.

이제는 내가 겪는 고난도
그리운 것이 되어 있을까, 하며
버틴다.

25
April

지금이 아니더라도 괜찮다

꼭 지금, 이 순간
찬란해 보이지 않더라도 괜찮습니다.
꼭 지금 당장 빛이 나지 않더라도 괜찮습니다.

4

September

반쪽뿐인 삶

선택은 내가 하겠지만,
선택의 이유가 타인에게서 나온다면
책임에 대해서도 남 탓만 하고 사는
반쪽뿐인 삶이 될 것이다.

26
April

종착점

모든 일의 종착점은
내가 예상할 수 없다는 걸 기억할 것.
그러니까, 너무 힘주어 붙잡지 말고
너무 가볍게 흘려보내지도 말 것.

3
September

내려가는 것이 올라가는 것보다 두렵다

이제 조금 내려가고 싶은데,
그렇게 짐을 덜어 내 버리고 싶은데
그게 그렇게나 두렵다. 무겁다.

27
April

그렇게 살아갈 것

받은 상처와 힘듦에 대하여
나의 탓을 하지 말 것.
거기까지였을 것을 노력해서
여기까지 끌고 오지 말 것.

2
September

잘라 내야 하는 것이 있다

"심하게 꼬여 버린 끈은 풀려고 하면 할수록
더욱 꼬이는 것이란다."

아주 어릴 때에
꼬인 연줄을 잘라 내지 못하는 나를 보고
아버지는 말하셨다.

28
April

변화할 계기

사람은 변화를 강요한다고 해서 변하지 않는다.
단지 스스로 변화할 계기에 따를 뿐이다.

1

September

불안함의 의미

어느 날은 자고 일어난 침대 위에서
울음을 터뜨릴 것만 같은 날이 있을 것이고,
불안함의 이불을 떨치지 못해
발버둥 치는 날이 있을 것이다.

그래도 괜찮다.

불안하다는 것은 그만큼 소중한 것을
품고 나아간다는 것임을.

29
April

지키고 지킴받는 것

아버지의 성경책처럼
낡더라도 버리지 말 것이다.
누군갈 지키고 지킴받는 것에
열중할 것이다.

열정과 냉정 사이, 불안함 속에서

불안 속에서 좌절하지 않으며 나아갈 때.
엎드려 울다가 숨 좀 쉬자며 발버둥 칠 때.
긴 동굴과 같은 절망을 헤엄쳐 나아갈 때.
그렇게 당신에게 철저한 오한이자
미열이며 부스러기 같은 날들이 모여,
누군가는 사랑스러운 당신이라
부르기도 한다는 것을,
자랑스럽게 여기기도 한다는 것을
기억할 것.

April

몸조심

어릴 때에는 내가 아프고 다치면
엄마가 더 아파하고 고생했는데,
이젠 모든 설움과 고생이 나에게 온다.
언제 어디서든 몸조심을 하자.

31
August

잠시 내려놓아도 괜찮다

때론 쉬는 것 또한 생산적인 일이다.

내가 잠시 숨을 고른다 해서

지금까지 쌓아 놓은

무언가가 무너지는 것이 아니기에.

5
May

우리 모두가 그런 사람들이다

우리는 들어가야 할 곳이 있고,
돌아가야 한다는 약속을 가진 사람들.
그런 장소와 관계가 얽힌 사람들이다.
아무 쓸모 없이 울고 있는 것 같아도,
모두가 그런 사람들이다.

누군가의 기다림이자 누군가의 보살핌인,
어느 곳의 포근함이자 어딘가의 가족인,
무엇 하나 애타게 생각하지 않을 수 없는,

August

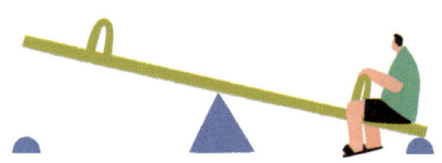

충분한 힘듦일 것이다

당신의 힘듦은 아주 그럴 이유가 충분하다는 것.
그러니 누군가의 말에 흔들리며
자신을 나약하게 생각하지 않아도 된다는 것.

1
May

내가 앉았던 자리

잊지 말기로 합니다.
우리가 머문 곳이야말로,
세상에서 유일하게
온기 가득한 곳이었다는 것.

가속도

나름 바쁘게 나아가고 있단 생각이 들 때,
세상은 나보다 몇 배는 빠르게
점점 가속도가 붙어 가며
움직이는 것 같았다.

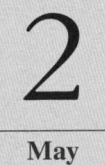

May

멀어짐이라는 애틋함

멀어지면서 애틋해지는 사람들이 있다.
고향 친구, 대학 친구, 자주 싸우던 형제자매,
이해할 수 없던 엄마 아빠.

그렇게 서로 욕하고 때론 미워하고 하더니
멀어지니까 애틋해진다.

28
August

거울

면이 매끈한 거울은
사물을 단순히 반사하는 것이다.
스스로의 색을 갖지 못하는 것.

삶은 어느 정도 모나며 울퉁불퉁해야
삶의 가치를 더 잘 느끼며
살아갈 수 있다는 사실.

쓸만하게 다듬어진 것만이 좋은 것은 아님을.

3
May

높은 신발

기억하고 살아갑시다.
높은 신발을 신는다 해도,
그 사람 자체가 커지는 것은 아닙니다.
단지 그렇게 보일 뿐이지요.
오히려 그것으로 인해 쉽게 넘어질 뿐이지요.

27
August

그러니 조급하지 말고

세상은 내가 급한 마음을 가진다고 해서
빠르게 돌아가 주지 않는다는 것.

어떤 때에는 돌아가는 것이 가장 빠른 길임을.

May

최소한의 응원

나에 대한 최소한의 응원을 허락하는
삶이기를 바란다.
또 당신의 일이
그럴 만한 가치가 있는 일이기를 바란다.

26
August

제때가 있다

무거운 돌은
쉽게 나아가지 못하는 것처럼 보이지만,
거센 물살을 만나
더 멀리멀리 굴러갈 것이다.

저기 돌덩이에도
제때가 있는 것이다.

5
May

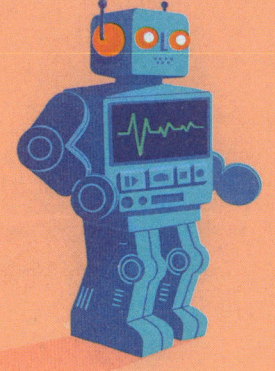

철없는 나를 살아가자고

어른을 동경하며 살아가지 말라고.
언제가 되어도, 지금처럼
너 좋아하는 것을 좋아하며 살아가라고.
앞으로도 그렇게 철없는
너 자신을 살아가라고.

August

행복은 그런 것이다

행복은 나의 기준이지만,
영원히 소유할 수 없고,
억지로 주입한다 해서 주입될 수도 없다.

행복을 당신으로부터 구속시키려 하지 말 것.
또 타인으로부터 갈구하지도 말 것.

6
May

올바른 삶을 위하여

빠른 것보다 바른 것에 의의를 두며,
다른 것과 틀린 것의 차이를
인식하고 살아갈 것.

24
August

마음아

마음아, 너무 쉽게 주지 말고,
너무 쉽게 받지도 말고,
너무 쉽게 기대지 말고,
너무 깊게 무너지지도 말고.

7
May

네가 제일 소중해

"네 귀중한 몸 망가뜨리지 말고,
함부로 대하지 마라.
건강하지 않으면
그 무엇도 부질없는 거야.
괜히 와서 또 잔소리만 늘어놨네.
엄마 마음 알지?"

23
August

그런 당신에게 박수를

나는 당신에게 박수를 보낼 것입니다.
어제오늘 혹은 일 년 전
그 어느 때라도 무너진 당신에게.
앞으로 또 무너질 당신에게.

참으로 용기를 내었다고.
얼마큼 힘이 들었느냐고.
또 잘한 것이라고.

May

빈틈없는 마음

빈틈없이 누군가를 생각한다는 것을 떠올려 봅니다.
가령, 부모님의 띄어쓰기가 거의 없는 문자처럼.
띄어쓰기 없는 마음을 주고받는
빈틈없이 따뜻한 날이기를.

22
August

애쓰지 말고 힘쓰지 말 것

이미 시든 것들을 애써 붙잡지 말고,
잘 자라고 있는 마음을
힘써 망치지도 말 것.

May

괜찮아지는 사람

괜찮아질 거야. 늘 그래왔듯 앞으로도 꼭 그렇게.
나는 늘 괜찮아지는 사람이었으니까.

21
August

길이란 그런 것

나의 길을 믿고 걸어가면,
그 길은 더 좋은 기회로 나를 인도하기 마련이다.

아득하게도 길이란 그런 것이다.

10
May

삶의 의미

보여지는 삶을 좇는 순간
의미를 잃어버린다.

August

그러니 온종일 불행할 것도 없다

이제는 안다.
행복해 보이는 모든 이들도
하루, 온종일
행복만 할 수는 없다는 것.

11
May

삶, 사람

우리 모두는
사람으로부터 상처받지만,
사람으로부터 치유를 받으며 살아갑니다.

19
August

잘할 것이다

그 누구에게 듣지 않았더라도,
자신에게 말을 건네면 좋겠다.

난 오늘 참 잘할 것이라고.

12
___
May

행복의 출처

작은 것에서
웃을 수 있냐 아니냐로
나의 행복이 결정되는 것이다.

18
August

힘들 만한 가치가 있기를

아무것도 아닌 일은 없습니다.
정말 힘들지만 잘 버티고 있습니다.
그리고 그것은 그만큼
힘들 만한 가치가 있는 일일 것입니다.

13
___
May

닫힌 마음

일어나지 않을 일을 걱정하다가 덜컥 두려워서
매번 방문을 잠가 놓았다.
떠나간 것들이 가볍지 못해서
늘 무겁게만 대하였던 관계들과
누구에게도 결코 무겁지 못한 것만 같은
나의 존재.

17
August

긍정으로의 도약을

뻔한 슬픔과 지속되는 감정의 요동.
지칠 대로 지쳐버린 몸과 마음보다
두려운 건 주변인들의 싫증이었기에
언제부턴 밝은 목소리로
전화를 받아야만 했던 당신에게.

당신의 그런 날들이 모여
긍정으로의 도약을 하는 것임을
잊지 말 것.

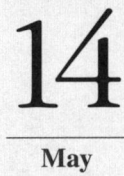

14
May

그런 느낌이야

에어컨을 틀고 따듯한 이불을 덮는 것을 좋아해.
그것은 온기 하나 없는 세상에
당신을 덮는 느낌이야.

16
August

버리고 버텨라

내가 아프다면 죽 하나 보내 줄 사람이 없다.
맘이 아파도 아프다고 이야기할 사람이 많이 없다.
삶이 지구 밖으로 쏘아져
우주에 맴도는 느낌이 들 때.

타인이 날 책임질 거란 생각은 버려라.
버텨라. 스스로 지지한 하루가 모여
삶의 안정을 오래 지속시키는 것이니.

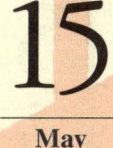
15
May

자책하지는 말라

자신을 낮추라는 뜻과 자책은
확실하게 다르니까,
나는 당신이 자신을 낮추되
자책하지는 말았으면 좋겠다.

15
August

기회를 놓쳤다면

잡을 뻔했던 기회를 놓쳤다고
너무 아쉬워 마라.
잡을 뻔했다면,
그건 처음부터
내 것이 아니었을 수 있다.

16
May

중요한 건

"비타민D는 칼슘하고 같이 먹어야 효과적이라더라. 뭐든 좋다고 막 먹지만 말고. 엄만 그런 거 하나를 몰라서 평생 바보처럼 겉으로만 약을 먹었다 그래. 중요한 건 얼마나 잘 받아들일 수 있는지야. 몸도 마음도. 알겠지? 사랑한다. 건강 잘 챙기고."

14
August

당신의 마음에게

밖으로 나오려는 화를
억지로 쑤셔 넣었던 목구멍에게,
힘들지 않은 일도 억지로 하면 힘들기만 한데,
억지로 힘내온 당신의 마음에게.

참 애썼다.

17
May

비교할 거 없다

남과 비교할 게 어디 있어.
우린 어제보다 나은 오늘을 달리고 있잖아.
어제보다 오늘 더 자신을 뛰어넘고 있잖아.

13
August

주석처럼 그림자처럼

나와 당신의 삶은
슬픔과 불안을
주석처럼 달고 살아간다.

18
May

사랑받으려고

왜 미움받지 않으려고 노력하는가.
진실한 사랑 그거 하나 받으며 살아가기 위해
노력하는 사람이 되어야지.

12
August

연습일 뿐이니

주저하지 말아라.
오늘도 넘어지고 일어나는 연습을
하고 있는 것이다.

19
May

나였어도

'나였으면'이 아닌,
'나였어도'

주변과의 예민함을 줄이고,
스스로 화를 만들지 않는
현명한 방법일 것이다.

August

삶을 상실하지 않기 위하여

조급히 의미를 두지 말라.
그 어느 값어치라도.
성급히 상심하지 말라.
그 어떤 기대라도.

20
May

다름의 차이

다름의 차이를 인정하는 습관.
나만 맞는 것도 아니고,
상대만 틀린 것도 아니다.
이를 기억하고 살아갈 것.

10

August

휩쓸려 간다는 가져옴

파도는 모래를 휩쓸어 가기도 하지만,
다시 새로운 모래를 가져오기도 한다는
사실을 잊지 마.

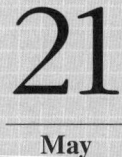

May

엄마의 이름

엄마의 이름이 나 때문에 없어진 것 같아서
가끔 잠을 설친다.

9
August

약해져도 괜찮다

어쩌면 눈물을 감추었던 시간만큼이나
삶이 무미건조해집니다.

오늘은 약해져도 괜찮다는
작은 위로입니다.

May

나라는 축

나를 잃어 가며
무엇을 얻으려 하지 말 것.
내가 없어진 관계에
우리라는 포장지를 씌우지 말 것.

August

당신의 오늘

당신의 오늘은 인생에서
가장 오래 산 시점으로,
가장 많은 지혜를 가졌고,
가장 많은 경험을 했으며,
가장 많은 사랑을 받아 온 결과이다.

걸음마

기억하지 못하지만 잊히지 않는 목소리가 있다.

"다시 일어설 수 있겠니, 아가야."

넘어지고 다시 일어날 때면 들려오는 목소리가 있다.

"아주 잘하고 있어. 옳지, 옳지."

7
August

군중 속 외로움

혼자여서 외로운 것보다 두려운 것은,
많은 이들과 함께일 때 느껴지는
군중 속 외로움.

24

May

선택

더 하고, 더 만족할 것인가.

덜 하고, 어느 정도 만족할 것인가.

삶은 이 선택으로 이루어져 있다.

August

그런 날들을 기대합니다

나의 주변은 온전히 사랑하고,
미움은 되도록 걸러 내는 삶을 그려 봅니다.
또 그것으로 인한 앞으로의
개운한 날들을 기대합니다.

25

May

신뢰

한 번 깨져 버린 신뢰는
깨진 유리와 같이 날카로워서,
당신을 다치게 할 수 있으니
늘 조심스럽게 대처할 것.

5
August

나아가면 된다

행복을 주는 것들을 목표로,
또는 힘듦을 주는 것들을 연료로
그렇게 나아가면 된다.

그들의 시간

엄마 아빠의 시간이 이대로 멈췄으면 좋겠다.
난 나이가 들어서도 식탁에서 자주 울었다.

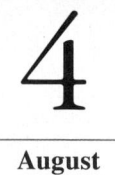

August

당신의 가능성

아직 아무것도 이루지 못했다는 건,
그만큼 도전할 기회가 있다는 거야.

27
May

나아가라

이미 충분한 사람아,
두려움은 당신이 만든 허상일 뿐이다.

$\dfrac{3}{\text{August}}$

당연히 휘청입니다

우리는 완벽하지 않은 의자처럼 흔들립니다.
완벽한 균형을 맞추며 사는 것은
불가능한 일이기에
우리는 미완이라는 고충을 안고
아주 조금씩 조금씩
휘청이며 살아가고 있습니다.

28 May

내가 목표하는 사람

그 어떤 부정에도 지지 않는 사람이 되기를.
아픔에 무너지지 않는 사람이 되기를.
그것으로부터 배워 갈 수 있는
넓은 사람이 되기를.

2
August

무너짐 또한 응원합니다

일어나는 것에 마땅한 용기가 필요하듯,
무너짐에도 그에 마땅한 용기가 필요하다.

29
May

당신은 그렇게 강하지 않다

가끔은 져도 된다.
당신은 당신 생각만큼 강한 사람이 아니기에.
한계를 떠안고 언제까지나
나아갈 수 있는 사람이 아니기에.

1
August

모두가 비웃더라도 증명할 것

오랜 꿈에서 등 돌리지 말 것.
언젠간 하늘의 별을 다 세겠노라.
위를 바라보며,
비웃음당해 보기도 할 것이다.

30
May

그러나 그렇게 약하지도 않다

가끔 지더라도, 그리 오래 지진 않을 것이다.
당신은 당신 생각만큼 약한 사람이 아니기에.
넘어져도 곧,
흙먼지 훌훌 털고 일어날 수 있을 것이다.

무한한 가능성을 믿기로 해

8이라는 숫자를 좋아합니다.
세상을 삐딱하게 봐 왔던 나에겐
꼭 무한대(∞)를 뜻하는 것 같아서요.

조금은 기운 나의 삶이 있기에
삐딱한 삶이 있기에,
무한의 가능성이 있노라 믿습니다.
곧바르지만은 않은 나의 길이 있기에
올바를 수 있노라 믿습니다.

31
May

가족

답답한 것이 아니라 따뜻함이었네.
나가 보니 밖은 얼음장이라며.

31
July

긍정의 주문

얼마큼 좋은 일 있으려고 이렇게나 힘들까,
얼마큼 행복한 일 생기려고 이토록 아플까.

지칠 때마다 생각하는 주문.

6 June

나를 열렬히 사랑해 본 적

뜨거운 볕이 대지를 달굽니다.
물이 증발해 비를 내립니다.
그것으로 새싹이 피어났으며,
많은 생명이 삶을 이어 갈 수 있습니다.

이 모든 것은, 태양이 저 스스로
열렬히 타오르기 때문에 가능합니다.

난 나를 열렬히 사랑해 본 적 있을까요.
잊고 살았습니다. 스스로를 사랑해야,
없던 기적이 일어날 수 있다는 것.

30
July

나의 고충을 알아주는 사람

무시해도 충분할
부정적인 평가로 인해
자존감이 낮아지는 일은 없었으면.
아무도 알아주지 않는
나만의 고충을 스스로가 알아주길 바란다.

1
June

자주 표현해 주세요

잘 갔다 왔어?
밥은 먹었어?
고마워, 미안해.
괜찮아? 보고 싶어.

자주 표현해 주세요.

29 July

출항하자

어딜지 몰라도, 일단 출항하자.
배의 닻을 올리는 건
퇴보하기 위함이 아니라,
진보하기 위함이라는 믿음으로.

배에 돛이 있는 건
찢기기 위함이 아니라,
견뎌 내기 위함이라는 믿음으로.

그리고 그 견뎌 냄은
지금의 세상보다 더 맑은 어딘가로
날 이끌어 줄 것이라는 믿음까지도.

2
June

그녀는 가끔

엄만 가끔 나는 기억 못 하는
어렸을 적 가난이나
나에게 저지른
잘못 같은 것을 이야기하며
고해의 눈물을 흘렸다.

28
July

날 보고, 널 믿어

너 진짜 잘하고 있어.
매번 장난 주고받는 사이지만
어떨 때 정말 어른 같다는
든든함이 느껴지기도 하고.
그러니 널 자랑스러워하는 날 보고서라도
널 믿어 봤으면 좋겠다.

3
June

완성되지 않은 인생도 인생이다

버려진 책도 책이다.
버려진 이야기도 이야기다.
버려진 꽃도 꽃이고,
아직 피어나지 못한 꽃도 꽃이다.

27
___
July

사랑받기 충분한 사람아

보잘것없는 나를
누가 좋아해 줄까 의심하는 당신에게.
당신, 사랑받기 충분한 사람이다.

4
June

여기에 있다

지금처럼 살아 있는 것이 의미가 있을까
고개 숙인 당신에게.
당신을 자랑스러워하는 이들이
여기에 있다.

July

나의 삶을 빼앗기지 말 것

내가 이 세상에서
온전히 가질 수 있는 유일한 것,
나의 삶이다.
아무 노력도 없이 빼앗겨 버린다면
배 아프지 않은가.

5
June

친구에게

친구야, 가끔 술에 휘청이며 살아가더라도
세상에 휘청이며 살아가지는 않도록 하자.

25
July

끊임없이 걷는 것

어쩌면 삶은
가파른 경사를 끊임없이
걷는 것과 같지 않을까.

June

살아 낼 것이다

그 누구도 나의 불안함을 떨쳐 주지 못할 것이다.
그래서 슬픔과 불안함은 진부하게도
늘 나의 삶에 있을 것이다.
하지만 어땠는가.
나는 언제나처럼 또 살아 낼 것이다.

July

살아 내리라

어제도 그 하루를 살아 내었듯,
오늘도 이 하루를 살아 낼 것이다.
또 내일도 살아 내리라.

7

June

마음의 총량

슬픔과 아픔에도
총량이 있다면 좋겠다.

23
July

조연은 없다

슬픈 영화에 조연은 없다.
각자 품은 비극적인 장면의
주인공일 뿐이지.

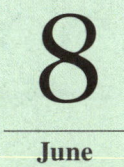

June

행복은 내가 하는 것

행복의 주체는 나다.
내 행복을 타인의 지시에 따라 느낄 수는 없다.

22
July

당신에게 행운이

공허한 마음이 행복으로 가득 차길.
발 디딜 틈 없이 웃음꽃 가득하길.

9
June

마음에는 이자가 없다

마음에는 이자가 없다.
내가 준 것 그 이상을 받을 거란 생각을 품으면,
나만 공허해진다.
줄 거라면 그 이상 되돌려 받을
마음은 버리고 줄 것.

21
July

나와 함께하는 사람이 나의 미래입니다

나의 지금을 망치는 사람은
나의 미래를 망치고,
나의 지금을 가치 있게 만들어 주는 사람은
나의 미래를 가치 있게 만들어 줍니다.

곧, 지금 곁에 있는 사람이
나의 미래입니다.

10
June

편견

가장 큰 무지는 편견이다.
세상을 올곧게 보기 위해선
나의 주위에 있는 편견을
최대한 멀리할 것.

20

July

미완이어도 된다

우리는 여러 면에서 미완이어도 된다.
되고 있다는 그 사실 하나만으로,
완성으로 가고 있는 것이다.

11
June

애쓰지 마라

사랑받으려 애쓰지 마라.
너는 너 자체로 사랑받을 이유가 충분하니까.
너는 너대로 참 괜찮은 사람이니까.

19
July

사람 마음은 선물

사람의 마음은 소중한 선물과 같아서
한번 잃어버리면,
이전으로 되돌리기 힘들다.

12
June

떠나고 나니

소중한 것은 떠나간다.

떠나고 나니 소중했던 것이거나.

18
July

잘 되어 가고 있다

굳이 무언가 보여 주려 하지 않아도 된다.
잘하고 있다는 말은 곧,
잘 되어 가고 있다는 말이니.

June 13

잘 살고 있어?

오늘만큼은 마음을 똑바로 바라보며 물어보자.
스스로에게 묻는다.
"괜찮아? 무슨 일 있어?
아니 그거 말고, 정말 괜찮아? 잘 되고 있어?
아니, 잘하고 있어?"

"아니, 그것보다 정말 너 잘 살고 있어?"

17
July

잊지 말고, 알고 알아야 한다

잊지 말라.
거기 죽어 있는 건초도 언젠가는 초록이었다.
누군가는 삶을 다해 저물어 가는 단풍일 때 가장 아름답다.
너, 거기 피었던 꽃임을 안다.
그리고 곧 맺게 될 열매임을 안다.

14
June

마음의 가시

원래 그런 거야.
깊게 박힌 가시는
빼내려 할수록
너를 더 아프게 하는 거야.

16
July

스스로에게 건네기

"그동안 힘들었구나. 내가 몰라줘서 미안해."

15
June

소중한 모든 것에게

갈 거면 떠나가라,
다신 돌아오지 않을 것처럼.
올 거면 내게 와라,
다신 떠나가지 않을 것처럼.

내가 소중히 생각하는 모든 것에게.

July

영원한 것은 없다

가장 사랑했던 사람이 한순간 남이 되고
가장 남이었던 사람이 한순간 숨을 나누는 사이가 된다.
어쩌면 아주 당연한 이치.
인정하고 살면 편한 사실.

16
June

삶을 쟁취하는 방법

타인과 나를 비교하지 말고
내 정의를 남에게 맡기지 말고
자신의 한계를 단정하지 말고
성장할 수 있다는 사실을 믿을 것.

14
July

나 그렇게 믿고 잘 살고 있어

엄마의 젊음이 나 때문에
웃을 일 참 많았더라고 믿고 나아가야지.
그렇지, 엄마?
그래야 엄마의 시간이 헛되지 않은 거잖아.

17
June

무던히도 고생 많았다

그간 참 큰 아픔과 슬픔을
견뎌 내느라 고생했다.
별 볼 일 없는 것이 아닌,
참 큰 감정을 겪어 내느라
무던히도 고생 많았다.

13
July

그러길 바라며

누군가의 미래이자
기억하고 싶은 과거일 당신이기에.
삶은 누구도 대신 살아 줄 수 없기에,
철저히 당신이 살아 내기를 바라며.
내가 나의 자랑이 되기를 바라며.

18
June

삶의 이유

삶의 의미는 '남에게 보여지는 것'이 아닌
'내가 살아가는 것' 그 자체에서 나오며,
그것이 삶을 사는
본질적인 이유이다.

12
July

힘낼 수가 없어서

가끔은 "힘내", "괜찮아"라는 위로가
세상에서 가장 잔인한 말로
들릴 때가 있다.

19
June

스스로의 노력이 그렇다

삶에는 증명하지 않아도
입증되는 것들이 있다.

11
July

잠 못 이루는 당신에게

당신과 내가 지새운 새벽이 지나면
햇살을 드리울 것임을.

20
June

나를 지지하는 방법

당신에 대해 아무 생각 없이
판단하고 미워하는 사람들로 인해
마음 아파하지 말 것.
별 시답잖은 미움 때문에
망가지지 말 것.

10
July

유일한 희망

좋은 일이
거짓말처럼 생기는 것까진
바라지도 않으니,
꿈이라도 꾼 것처럼
모든 게 싹 사라져 평안해지고 싶은 요즘.
거짓에 기대는 것이 유일한 희망인 요즘.

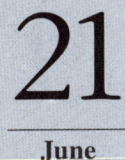

June

우린 여전한가요, 변하지 않은 걸까요

변하지 않은 것과
여전한 것은 다르다.

9
July

가끔, 져도 괜찮다

언제는 져도 괜찮다.
어떤 날에는
세상으로부터,
그 어떤 것들로부터 지는 것이
나에게 이기는 것이니.

22
June

그래도 괜찮다

작은 것 하나 들지 못할 정도로
힘이 들어가지 않아 좌절하는 당신에게.
당신, 오늘만큼은
힘을 꽉 주지 않아도 괜찮다.

8
July

아는 것이 중요한 이유

사람은 아는 만큼 보이고,
보이는 대로 믿는다.

23
June

무던히 그럴 것이다

이겨 냈고
이겨 내고 있고
이겨 낼 것이다.

7

July

행운의 날이래요

이걸 보는 오늘,
당신에게 행운이 가득하기를.

오늘은 행운에 기대어 보아요.

24
June

사포질

저도 모르게 매끄러운 과정을 통해
현실을 깨닫는 순간이 온다.
그때, 우린 꽤 닮아 있다는 걸 깨우친다.
어쩌면 세상에
사포질이라도 당한 것처럼.

July

잘했다

당신, 정말 잘했다.
실수하지 않아서가 아니라
포기하지 않아서.
뒤처지지 않아서가 아니라
멈춰 서지 않아서.

25
June

나를 사랑하는 연습

나도 당신과 같이
연습하며 살아갑니다.
나를 알아가는 연습.
나아가 나를 사랑해 줄 연습 말입니다.
어쩌면 모두가 나에게 서툰 사람입니다.

5
July

나 때는

나도 모르게 예전 이야기를 많이 한다.
이러다 "나 때는 말이야" 반복하는 사람이
되어 있을까 조심스럽지만,
나 때에 있었던 일만큼 이야기하기 쉽고
와닿는 이야기는 어디에도 없다.

26
June

어느샌가 그렇더라

요즘 내 인생의 무소식은

아주 희소식이다.

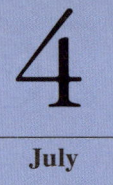

곧 뜰 거야

힘들지?
곧 해가 뜰 거야.
그때까지만 참으렴.

$\dfrac{27}{\text{June}}$

뒤를 돌아봅니다

어쩌면 사람은
앞모습보다 뒷모습이
아름다워야 합니다.
첫인상보다 마지막 모습이
깔끔해야 합니다.

3

July

괜찮다는 말

이렇게 의미 없이 살다가 죽으면
누가 나를 알아주고 아파해 줄까
생각하는 당신에게
괜찮다, 다 괜찮다
말하고 싶다.

28
June

분명 잘해 왔다

제대로 하는 것 하나 없다며
자책하고 조급해하는 당신에게.
당신, 지금껏 잘해 왔다.

2
July

그땐 그랬었지

어릴 적엔 구름에 닿아 보고 싶다는
생각을 자주 했다.

오직 하나뿐인 사람

당신은 이 세상에 오직
하나뿐인 사람이고,
그만큼이나 특별한 사람입니다.
누구와 빗대어도 충분한 가치가 있는 사람.

1

July

남겨졌다는 말

어떤 날은 넘긴다는 것이
남겨졌다는 말처럼 느껴질 때가 많아서,
나는 달력을 쉽게 넘길 수가 없었지.

당신의 기준으로

이제는 당신의 기준을
세울 차례입니다.
나를 사랑할 준비가 되어 있는 사람이,
지금 여기에 서 있습니다.

다시, 시작해 보겠습니다

절반이 되었습니다.
절반이 지난 걸까요, 남은 걸까요.
겨우 절반일까요, 아직 절반일까요.
좋게 생각해 보기로 합니다.
부족하다면, 반이나 남았다는 긍정을.
숨이 차다면, 절반이나 왔다는 긍정을.
7은 행운의 숫자라지요.
앞날에 행운이 함께하기를,
따위의 긍정을.